Y. 5492.
.H n.

ODE
ET LETTRES
A MONSIEUR
DE VOLTAIRE.

ODE
ET
LETTRES
A MONSIEUR
DE VOLTAIRE,
EN FAVEUR DE LA FAMILLE
DU GRAND CORNEILLE.
Par Monsieur LE BRUN.
AVEC LA REPONSE
DE M. DE VOLTAIRE.

A GENEVE,
Et se trouve à PARIS,
Chez DUCHESNE, rue S. Jacques, au Temple du Goût.

M. DCC. LX.

LETTRE
DE
M. LE BRUN
A MONSIEUR
DE VOLTAIRE.

JE saisis avec transport, Monsieur, l'occasion de vous écrire & de joindre deux noms qui me sont bien chers, le vôtre & celui de Corneille, en vous engageant à rendre quelque service à la famille de ce grand homme. Puissé-je vous rappeller en même-tems le souvenir d'une amitié dont vous accueillîtes presque mon enfance.........

Je me dis souvent avec douleur, avec transport, *Virgilium vidi tantùm.* Pourquoi, Monsieur, me fûtes-vous enlevé alors ? Dans quelle nuit profonde, dans quel vaste désert avez-vous laissé notre Littérature ! Car vous m'avouerez que c'est une grande solitude que la foule des sots. Que de chenilles profanent le sacré vallon ! Que de Bufes y font la guerre aux cygnes harmonieux ! Que de serpens y viennent siffler pour en défendre l'abord au génie. . . . .

Le Neveu de Corneille pour qui l'on s'intéresse dans cet Ouvrage, est l'unique & dernier héritier de ce grand Nom. Il mérite de le porter, parce qu'il en connoît tout le prix. Il a réparé par la noblesse de ses sentimens l'éducation qu'il n'a pu recevoir. On sçait qu'au tems de la succession de M. de Fontenelle il lui fut offert une somme d'argent pour se désister de ses droits & même de son nom. M. Corneille, quoique pauvre & sans ressource, la refusa sans balancer, refus sublime dans les crises de la misère. Il répondit encore, quand on le menaça de perdre son procès, qu'au moins il gagneroit le nom de Corneille. L'éclat qui suit une indigence soutenue avec tant de dignité, & l'intérêt que M. de Voltaire & tous les vrais Citoyens prennent au descendant d'un Grand Homme vont faire bien rougir ceux qui ne respectant pas l'infortune d'un Corneille, en ont triomphé honteusement, & ne lui présentoient qu'un visage d'airain.

LETTRE.

Le Dédain que j'ai pour cette populace d'Auteurs mauvais ou médiocres, mon goût inflexible pour les seuls grands modéles, ma vénération pour tout ce qui porte l'empreinte du génie, me rapprochent naturellement de vous, Monsieur; & sans l'intervalle qui nous sépare, & sans les liens qui m'attachent à la personne d'un grand Prince, c'est auprès de vous que j'irois puiser cette critique généreuse, que l'amour des arts éclaire, que n'empoisonne jamais l'Envie, telle enfin que Racine l'exigeoit de Boileau. J'irois puiser à leur source ces sentimens de bienfaisance qui m'engagent eux-mêmes à les réclamer pour la famille de Corneille.

C'est au génie sans doute à protéger une Race illustrée par le génie. A ce titre je ne vois que Monsieur de Voltaire en Europe de qui un homme du nom de Corneille puisse, sans s'avilir, attendre les bienfaits : ces éloges que vous avez tant de fois prodigués à sa mémoire, & que la Patrie entiere lui doit, me répondent de ce que vous ferez pour un de ses neveux. L'idée que m'inspire ce nom divin est si haute, que selon moi il n'y a point même de Rois qui ne s'honorassent beaucoup de prodiguer des secours en sa faveur. Vous seul, Monsieur, agirez en égal avec ce grand homme.

Eh! quel autre que vous a toujours fait éclater une ivresse plus noble & de plus vifs transports d'admiration pour tout ce qui porte le sceau du génie? La gloire est votre élément. Qu'il est flatteur pour vous de joindre à cette sublimité de l'esprit la tendre bienfaisance d'un cœur qui s'épanche dans tous vos ouvrages, & qui vous a rendu le peintre de l'Humanité.

Voilà, Monsieur, s'il étoit possible d'être au-dessus de Corneille même & de Racine, voilà ce qui donneroit le premier rang à vos Ouvrages, parce qu'ils inspirent aux hommes un sentiment plus utile à la société que ceux d'une stérile admiration. Voilà ce qui m'a fait naître le désir de rendre à Corneille un hommage qui retombe sur vous-même.

Le Public va juger, en voyant cette Ode imprimée, que vous seul étiez digne en effet de secourir le descendant d'un grand homme, dont vous êtes devenu le rival; combien votre cœur doit s'applaudir de la certitude qu'on a de vos bienfaits, & d'en avoir fait sentir le charme à tous ceux qui vous ont lû. Votre style devient si affectueux, si enchanteur quand cet objet l'anime, qu'il est aisé de voir combien votre ame respire les sentimens que vous tracez.

Laissez, laissez à vos ennemis l'horrible satisfaction de calomnier votre cœur, & de croire que votre plume écrivoit sans son aveu. Ceux qui vraiment éclairés sçavent que jamais l'esprit n'enfante rien de sublime s'il n'est inspiré par le cœur, vous rendent, comme moi, la justice la plus entiere & la plus méritée. Les droits d'une Corneille à vos bienfaits sont incontestables, les voici : ses malheurs, son nom & le vôtre.

Je suis, &c.

ODE
A MONSIEUR
DE VOLTAIRE.

Fama manet facti......

AH! ce n'est point des Rois l'orgueilleux
    appanage,
Ni l'or, ni la Victoire amante du carnage
Que les fils d'Apollon s'empressent d'obtenir;
L'héritage sacré des Nymphes de Mémoire,
    C'est un nom que la Gloire
Sur des aîles de feu porte au sombre avenir.

Ce nom qui, s'échappant des murs de Thebe
  en cendre,
A l'ombre de Pindare asservit Alexandre,
Et dompta les fureurs de ce jeune Lion ;
Ce nom qui fit couler des larmes généreuses, *
  Et de gloire amoureuses,
Qui n'envioient qu'Homere au Vainqueur d'Ilion.

Ah ! bravant les fureurs de la Parque trompée,
Si de leur sang divin quelque goutte échappée
Animoit un mortel & vivoit parmi nous !
S'il rappelloit encor leurs augustes images,
  Il verroit nos hommages.
Nos respects, nos trésors en foule à ses genoux.

---

* On sçait qu'Alexandre pleura sur le tombeau d'Achille, de n'avoir pas, comme ce Héros, un Homere pour le chanter.

A M. DE VOLTAIRE.

S'IL étoit un Mortel qui du nom de Voltaire
Portât chez nos Neveux l'honneur héréditaire,
Ce nom seroit alors son immortel appui.
Et Mérope & Brutus, Sémiramis, Alzire,
    Et la tendre Zaïre,
Eleveroient leurs voix & parleroient pour lui.

EH! cependant, aux yeux de sa Patrie entiere,
Du grand nom de Corneille une jeune Héritiere*
Voit couler dans l'oubli ses destins & ses pleurs!
Et d'un Astre d'airain l'inflexible vengeance
    Lui versant l'indigence,
Trempa ses jours amers dans l'urne des malheurs.

---

* Mademoiselle Corneille, âgée de 16 ans, est depuis quelques mois à l'Abbaye de Saint Antoine, où elle fait voir des sentimens au-dessus de sa fortune, & dignes de son nom.

ODE

Sous le réduit sacré du solitaire asyle,
Où languit sa misere, où son destin l'exile,
La fierté d'un grand nom rend ses maux plus
  pressans ;
Et de tristes cyprès cette rose ombragée,
  Par les vents outragée,
Implore en vain des Cieux les rayons caressans.

※

C'est-là que chaque jour sa douleur semble éclore
Et mêle en s'éveillant aux larmes de l'Aurore
Ces nuages de pleurs dont ses yeux sont couverts :
C'est-là qu'au sein des nuits, sous leurs ombres
  muettes
  Ses larmes inquietes
Dans l'obscur avenir vont chercher des revers.

※

Une nuit, qu'elle cede à sa douleur profonde,
Levant au Ciel des yeux que l'amertume inonde,
Elle exhale en ces mots sa plainte & ses regrets :
Manes d'un demi-Dieu que le Parnasse adore,
  Chere Ombre que j'implore,
Suspends de mes ennuis les funestes progrès.

HELAS! si jusqu'à toi mes pleurs ont pu descendre!
CORNEILLE! si mes cris ont éveillé ta cendre!
Venge l'éclat d'un nom par toi-même anobli.
Que dis-tu, quand tu vois le Rejetton fidele
  D'une tige immortelle
Languir dans les horreurs d'un indigent oubli?

FIER du Nom que je porte, & du sang qui l'anime,
Mon cœur s'étoit flatté de l'espoir magnanime
Que ton Génie encor veilloit sur tes Neveux;
Combien doivent frémir & ton ombre & tes mânes,
  Quand des revers profanes,
Au mépris de ta gloire, osent tromper mes vœux.

AINSI de tes lauriers les promesses sont vaines!
Et ton sang généreux coulera dans mes veines,
Pour se voir insulté des Destins ennemis!
Les secours dédaigneux, l'indigence tremblante,
  Et la honte accablante,
Voilà donc les honneurs à ta Race promis!

ODE

Quoi ! des fils de Plutus la barbare industrie
Boit dans des coupes d'or les pleurs de la Patrie !
Quoi ! leur faste insolent fatigue nos lambris !
Et de nos demi-Dieux la Race dédaignée,
    Dans ses larmes baignée,
Traîne d'un nom fameux les stériles débris *.

Irois-je, irois-je, hélas ! promenant mes allarmes,
Et déployant en vain un spectacle de larmes,
Tenter des yeux ingrats & de luxe enyvrés ?
Et peut-être ces murs que ma douleur embrasse,
    Lassés de ma disgrace,
Me fermeront un jour leurs asyles sacrés.

---

* L'Etat devroit se faire un honneur, & même un devoir, de secourir les Familles des Grands Hommes qui l'ont illustré ; il n'auroit pas à craindre que le nombre lui en devint un jour trop à charge. Un grand Prince (M. le Duc d'Orléans) sur le nom seul de la Fontaine, s'informa s'il n'existoit pas encore quelques-uns de ses Descendans, & surprit de ses bien-faits les Nieces de ce Grand Homme. De pareils traits sont bien rares.

                                   O Nuit,

A M. DE VOLTAIRE.

O Nuit ! couvre à jamais de tes pâles ténebres
Et mes yeux, & mes pleurs & mes destins funebres :
O Mort ! dénoue enfin ces tissus de douleurs.
N'attends pas que la honte ait souillé ta victime,
   Et referme l'abîme
Du sinistre avenir où s'égarent mes pleurs.

      ❦

 Les pleurs coupent sa voix...... ô surprise ! ô
   merveille !
Dans sa retraite obscure un doux éclat s'éveille,
Son lit paroît flotter dans l'azur radieux ;
Ses regards éperdus nagent dans la lumiere,
   Une Ombre auguste & fiere
Dévoile avec splendeur tout CORNEILLE à ses yeux.

      ❦

 Quoi ! ma fille, tes pleurs soupçonnent ma
   tendresse !
Ah ! sans doute, les vœux que ta plainte m'adresse,
Ont traversé l'Erebe & ses profondes nuits.
Dans les champs du bonheur, à ta voix désolée,
   Mon Ombre s'est troublée,
Et mes lauriers émus ont pleuré tes ennuis.

Ta sublime douleur m'intéresse & me flatte;
Aux mains avec le Sort, ton Ame entiere éclate;
Je reconnois mon sang à ta mâlefierté.
Telle sous les revers l'ame de Cornelie,
   Loin d'en être avilie,
Fait pâlir d'un coup d'œil le Sort déconcerté.

※

Jeune & timide espoir d'une illustre Famille;
Mes yeux veillent sur toi; n'en doute point, ma Fille.
De tes nobles destins respire la grandeur.
Permets un calme heureux à ton ame allarmée,
   Et vois ma Renommée
Qui déjà sur tes pas fait briller sa splendeur.

※

La suprême vertu n'est jamais chancelante;
Le glaive des tyrans, la foudre étincelante
Pourroit l'anéantir, & non pas la troubler :
Rassure-toi, je laisse à ta vertu rigide
   Ma gloire pour Egide;
Couverte de mon nom, qui pourroit t'accabler?

※

A M. DE VOLTAIRE.

Si le nom de CORNEILLE est ton seul héritage,
Ma fille, ce n'est pas un stérile partage.
Si les Dieux le pesoient dans leurs balances d'or,
Dûssent-ils opposer l'Empire & la victoire,
  Ce nom chargé de gloire
Entraînera les Dieux & l'avenir encor.

L'HONNEUR fut ma richesse, & l'urne d'Hippocrène
Roule loin du Potose une indigente arène.
Jamais l'or ne germa sous nos lauriers touffus.
Ah ! dérobe ta gloire aux offres dédaigneuses,
  Aux faveurs soupçonneuses
De cet or plus honteux même que les refus.

GARDE-TOI d'abaisser ta sublime infortune,
Jusqu'à ces vils mortels dont la foule importune
Viendroit sur tes débris élever leurs destins ;
Reptiles insolens dont la profane audace
  Serpente & s'entrelace
Dans les débris épars de nos Temples divins.

Souffrir que de mon Sang leur race soit amie,
Ah! c'est associer la gloire à l'infamie!
C'est attacher la Mort à l'immortalité!
Et ce n'est pas sans doute à d'obscurs Téméraires,
   Avortons Littéraires,
D'envier cet honneur à la Divinité.

A d'injustes revers oppose ton courage,
Sur les destins confus rejette leur outrage,
Fais rougir à la fois ta Patrie & les Dieux.
Tyran des foibles cœurs, la Fortune est esclave
   De quiconque la brave,
Et sa défaite éleve un mortel dans les Cieux.

Crois-moi, cette Déesse est insolente ou vile,
Et se plaît à fouler une tête servile,
Lorsque devant son char nous-mêmes la courbons;
Si ton nom fut le mien, & si mon sang t'anime,
   Leve un front magnanime,
Ma Gloire peut marcher rivale des Bourbons.

A M. DE VOLTAIRE.

SEROIT-IL un Héros, digne en effet de l'être,
Qui n'enviât ce nom plus qu'un Thrône peut-être !
O ma Fille ! ta dot est l'immortalité.
Et je laisse à ton sort, que mon destin protege,
   Mes Lauriers pour cortége ;
Leur ombre sert d'asyle à ma Postérité.

※

CONNOIS-TU tes Ayeux ? C'est cette foule illustre
De Héros qui me doit & sa vie & son lustre.
Je ranimai leur cendre au feu de mes crayons ;
Le Cid, Héraclius, Cinna, Pompée, Horace,
   Demi-dieux de ma Race,
T'ouvrent déjà leurs bras, te prêtent leurs rayons.

※

DANS la France déjà la voix de Rodogune *
A conté tes malheurs, a vengé ta fortune ;

---

* Les Comédiens eurent la generosité de donner une représentation de Rodogune en faveur des héritiers du nom de Corneille. Le Public y courut en foule, & ce qu'on ne peut trop estimer dans le Neveu de ce Grand Homme, c'est l'emploi qu'il a fait du produit de cette Piece, qu'il a consacré entierement à faire honneur aux dettes contractées pour le soutien de sa Famille, à commencer l'éducation d'une fille qui en mérite, à lui donner des maîtres & à payer les premiers mois de sa pension au Couvent.

B iij

Jour tiſſu de lauriers dont mon cœur eſt jaloux!
Tes yeux, tes yeux ont vu quels hommages ſans
    nombre
       Accueillirent mon Ombre,
Quand elle vint jouir d'un triomphe ſi doux.

Du fond de l'Elyſée accourant ſur la ſcène,
Je me croyois encore aux jours où Melpomène
Vit par mes ſoins heureux ſon deſtin ſecondé;
Quand tout un Peuple, aimant des tragiques allar-
    mes,
       M'applaudit par ſes larmes,
Quand je mettois en pleurs & Turenne & Condé.

Si de mes vieux Héros les généreux Organes,
Dans le ſang de Corneille ont honoré ſes mânes?
Ah! pour venger ſes droits noblement uſurpés,
Dis, que ne fera point un Rival qui l'imite,
       Une Ame ſans limite,
Qui franchit d'Hélicon tous les bords eſcarpés.

VULGAIRE couronné, que de Monarques même
Seroient trop au-dessous de cet honneur suprême !
Connoissent-ils le prix des sublimes travaux ?
Il est, il est des cœurs qu'enflamme le génie ;
   Ces enfans d'Uranie
Doivent seuls protéger les fils de leurs rivaux.

    ✻✻✻

 UN rival de mon nom (si quelqu'un le peut être)
Voilà le Protecteur que tu dois reconnoître ;
Tu peux en l'implorant l'élever jusqu'à toi.
VOLTAIRE est ce rival, du moins si j'ose en croire
   Les récits que la Gloire
Sur la rive des Morts en sema jusqu'à moi.

    ✻✻✻

RACINE en fut jaloux ; mes hautes destinées
A peine rassûroient mes palmes étonnées ;
Le Tasse en rougissant applaudit son vainqueur.
J'entendis les soupirs de Sophocle & d'Eschile,
   Et même aux yeux d'Achille
Henri d'un autre Homere a flatté son grand cœur.

    ✻✻✻

C'est peu qu'en ſes Ecrits l'humanité l'inſpire,
La tendre humanité dans ſon ame reſpire;
Elle ouvre aux malheureux & ſon cœur & ſa main.
Souvent avec ſes pleurs ſon or même s'écoule,
   Et ſes bienfaits en foule
De l'aride infortune ont arroſé le ſein.

Que la Gloire les vante, & que ſes mains fidéles
Conſacrant des bienfaits ces auguſtes modeles,
Les grave ſur le front du Palais de Plutus ;
Que de la bienfaiſance il devienne le Temple,
   Où l'Univers contemple
Cet incroyable hymen de l'Or & des Vertus.

Périssent les Tréſors ! périſſe le Barbare,
Qui de ſon or jaloux ferme la ſource avare,
Pour y déſaltérer ſes regards clandeſtins !
Des tréſors ſi vantés l'uſage ſalutaire,
   C'eſt d'être Tributaire
Du Mérite indigent qu'ont trahi les Deſtins.

A M. DE VOLTAIRE.

BIENFAISANCE sublime, ô Déesse adorée !
Toujours à tes regards l'Infortune est sacrée !
Un grand cœur s'enrichit des présens qu'il a faits.
Qu'il est beau d'accueillir la vertu malheureuse !
   Une Ame généreuse
Enchaîne tous les cœurs par le nœud des bienfaits.

※

MA Fille, si mon ombre au sein de l'Elisée,
Par ces récits heureux ne fut point abusée,
Il est digne en effet de venger tes malheurs ;
Tes malheurs & ton nom, quels titres plus augustes !
   Quels arbitres plus justes,
Entre le Sort & Toi, que sa gloire & tes pleurs ?

※

DIS lui que si Mérope eût devancé Chimene,
De son cahos obscur dégageant Melpomene,
Sans doute il eût brillé de l'éclat dont j'ai lui ;
S'il eût été CORNEILLE, & si j'étois VOLTAIRE,
   Généreux adversaire,
Ce qu'il fera pour toi, je l'eusse fait pour lui.

F I N.

LETTRE

DE MONSIEUR
DE VOLTAIRE
A MONSIEUR
LEBRUN,

Secrétaire des Commandemens de S. A. S.
M. le Prince de Conti.

Au Château de Ferney, pays de Gex,
par Geneve, 5 Novembre 1760.

JE vous ferai, Monsieur, attendre ma réponse quatre mois au moins, si je prétendais la faire en aussi beaux vers que les vôtres. Il faut me borner à vous dire en prose combien j'aime votre Ode & votre proposition. Il convient assez qu'un vieux soldat du grand Corneille tâche d'être utile à la petite-fille de son Général.

Quand on bâtit des Châteaux & des Eglises, & qu'on a des parens pauvres à soutenir, il ne reste gueres de quoi faire ce qu'on voudrait pour une personne qui ne doit être secourue que par les plus Grands du Royaume.

Je suis vieux, j'ai une niece qui aime tous les arts & qui réussit dans quelques-uns ; si la personne dont vous me parlez, & que vous connaissez sans doute, voulait accepter auprès de ma niece l'éducation la plus honnête, elle en aurait soin comme de sa fille : je chercherais à lui servir de pere. Le sien n'aurait absolument rien à dépenser pour elle. On lui payerait son voyage jusqu'à Lyon. Elle serait adressée à Lyon à Monsieur Tronchin, qui lui fournirait une voiture jusqu'à mon Château, ou bien une femme irait la prendre dans mon équipage. Si cela convient, je suis à ses ordres, & j'espere avoir à vous remercier jusqu'au dernier jour de ma vie de m'avoir procuré l'honneur de faire ce que devait faire M. de Fontenelle. Une partie de l'éducation de cette Demoiselle serait de nous voir jouer quelquefois les Pieces de son grand-pere, & nous lui ferions broder les sujets de Cinna & du Cid.

J'ai l'honneur d'être, avec toute l'estime & tous les sentimens que je vous dois,

MONSIEUR,

<blockquote>Votre très-humble & très-obéissant serviteur, VOLTAIRE.</blockquote>

RÉPONSE
DE MONSIEUR
LE BRUN.

A Paris ce 12 Novembre 1760.

JE n'accepte, Monsieur, les éloges flatteurs que vous donnez à mes vers, que pour les rendre à la noblesse de votre procédé ; voilà ce qui mérite uniquement d'être loué. Vous goûtez ce bonheur si méconnu, si pur de faire des heureux. Je m'attendois à votre réponse, elle n'étonnera que l'Envie. J'ai couru la lire à Mademoiselle Corneille ; elle en a versé des larmes de joie ; elle vous appelle déjà son bienfaicteur & son pere. Elle promet à vos bontés, à celles de Madame votre niece, une éternelle reconnoissance, & je n'ai point de termes pour vous exprimer celle d'une Famille que vous foulagez.

Pour moi je m'eftime trop heureux d'avoir pu fervir à la fois & votre gloire & le nom de Corneille. Vous l'appellez modeftement votre Général, mais il vous eût dit:

De pareils Lieutenans n'ont de Chefs qu'en idée. *Sertorius.*

Vous avez fait, Monfieur, ce que Fontenelle n'a point fait, & ce que peut-être il n'a point dû faire, parce que le Bel Efprit écarte de la nature, & que le Génie en rapproche ; vous avez fait plus que les Grands & les Rois, *ces illuftres Ingrats*, parce que l'élévation du rang ne décide point de la grandeur d'ame. Vous avez fenti qu'il y aurait une efpece de honte à des Français de laiffer dans l'oubli & dans la mifere le nom d'un Grand Homme qui a fi bien mérité de la Patrie. Vous donnez à tous les hommes, à tous les fiecles, un modele & des leçons d'humanité. Vous leur apprenez quels font les droits & les devoirs du Génie,

Un procédé si généreux a fait ici la sensation la plus vive ; chacun est jaloux de lire votre Lettre. On la regarde comme un monument public de bienfaisance. On répete ces mots, *je chercherois à lui servir de pere.* Tous ceux qui chériffent la mémoire du Grand Corneille, semblent partager votre bienfait avec sa famille. On le trouve digne de vous, digne du Peintre d'Alvarès. On éleve votre cœur, votre génie, votre gloire ; l'admiration reste suspendue entre vos Ecrits & cette générosité. Elle vous concilie tous les suffrages, & j'ose dire que vous jouiffez de la reconnoiffance publique.

J'ai l'honneur d'être avec un nouveau sujet d'estime & d'admiration,

MONSIEUR,

Votre très - humble & très-obéiffant serviteur, LE BRUN.

www.ingramcontent.com/pod-product-compliance
Lightning Source LLC
Chambersburg PA
CBHW060723050426
42451CB00010B/1597